美しく舞うための

フィギュアスケート
Lesson
レッスン
完全版

はじめに

　私がスケート靴を履いて半世紀以上の時間が流れました。はじめて氷の上に立ったのが7歳のとき。そのときの感激はいまでも鮮明に憶えています。きれいに整氷されたリンクは文字通り「銀盤」のようで、毎日学校が終わるのをいまかいまかと待ちわびていました。
　それからずっとスケートを続け、指導者の道に入ったのが50年以上前のこと。大学生のときに指導を手伝ったのがきっかけでした。以来、優秀な子供たちに恵まれ、そのご両親にも助けてもらいながら今日まで指導者として歩んでくることができました。
　本書は、これからフィギュアスケートを始めようと思っている、もしくはもう始めている初心者の方に向けて、私がこれまでの指導で培ってきたものを少しでも伝えられればという思いから実現しました。
　現在、日本の女子フィギュアスケートは世界のトップレベルにあります。その影響からか全国各地にある教室に「フィギュアスケートをやってみたい！」

という多くの子供が足を運んでくれているという、嬉しいニュースも伝わってきています。

　本書では、フィギュアスケートを始めるにあたり、しっかり学んでおかなければならない基礎について、スケート靴の履き方からアクセル・ジャンプまで、連続写真と映像を使って、できるだけ丁寧に紹介したつもりです。もちろん、これですべてをカバーできるというわけではありません。まずは教室の先生の指導に耳を傾けてください。そのうえで、もし迷ったとき、どこかうまくできないときに本書を手に取り、ひとつでもふたつでも解決のためのヒントを見つけてもらえれば、と思っています。

　フィギュアスケートは奥深いスポーツです。技術だけあっても、表現力だけあっても成立しません。その両方が求められるスポーツなのです。本書を通じて、毎日がんばっている子供たちがより一層フィギュアスケートを好きになってくれれば、これ以上の幸せはありません。

山田満知子

美しく舞うための
フィギュアスケート Lesson

CONTENTS

プロローグ …………………… 02
付録DVDについて …………… 06

WARM-UP 氷の上に立つ前に
スケート靴の解説&履き方 …………… 08
靴の手入れの仕方 …………………… 09
エッジと氷面の関係 …………………… 10

Lesson 1　SKATING　スケーティング

#1-1	基本姿勢	12
#1-2	歩行	13
#1-3	両足フォア・スケーティング	14
#1-4	両足バック・スケーティング	16
#1-5	ひょうたん型フォア・スケーティング	18
#1-6	ひょうたん型バック・スケーティング	20
#1-7	スネーク型フォア・スケーティング	22
#1-8	スネーク型バック・スケーティング	24
#1-9	フォア・ストローク	26
#1-10	バック・ストローク	28
#1-11	フォア・スカリング	30
#1-12	バック・スカリング	32
#1-13	フォア・チェンジ・エッジ	34
#1-14	フォア・クロスオーバー	36
#1-15	バック・クロスオーバー	38

Lesson 2　STOP　ストップ

#2-1	ハの字型ストップ	42
#2-2	Tの字型ストップ	43
#2-3	逆Tの字型ストップ	44
#2-4	ニの字型ストップ	45

Lesson 3　TURN　ターン

- #3-1　両足フォア・スリーターン ……………………… 48
- #3-2　左足フォア・アウトサイド・スリーターン ……… 50
- #3-3　右足フォア・インサイド・スリーターン ………… 52
- #3-4　両足バック・スリーターン ……………………… 54
- #3-5　右足バック・アウトサイド・スリーターン ……… 56
- #3-6　左足バック・インサイド・スリーターン ………… 58
- #3-7　右足フォア・インサイド・モホークターン ……… 60

Lesson 4　SPIN　スピン

- #4-1　両足スタンドスピン ……………………………… 64
- #4-2　片足スタンドスピン ……………………………… 65
- #4-3　スピンを始める前と終えた後の動き …………… 66
- #4-4　クロス・フット・スピン ………………………… 68
- #4-5　バック・スクラッチ・スピン …………………… 70
- #4-6　シット・スピン …………………………………… 72
- #4-7　キャメル・スピン ………………………………… 74
- #4-8　レイバック・スピン ……………………………… 76

Lesson 5　JUMP　ジャンプ

- #5-1　バニー・ホップ …………………………………… 80
- #5-2　スリー・ジャンプ ………………………………… 81
- #5-3　サルコウ …………………………………………… 82
- #5-4　トゥループ ………………………………………… 84
- #5-5　ループ ……………………………………………… 86
- #5-6　フリップ …………………………………………… 88
- #4-7　ルッツ ……………………………………………… 90
- #4-8　アクセル …………………………………………… 92

エピローグ&監修者紹介 ……………… 94

マークの見方

本書では、それぞれの技術を解説するにあたって、モデルの動きを真上から見た「滑りの軌跡」を掲載しています。そこに登場するマークは、下記のことを表しています。

――― 着氷

- - - - 浮いている

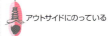
アウトサイドにのっている

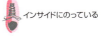
インサイドにのっている

フラットにのっている

浮いた足
※右足の場合

✕　踏み切り位置

COLUMN　コラム

1　観客を魅了する表現力を身につけるために必要なこと
2　日頃の身だしなみが演技に表れる
3　「昨日より今日、今日より明日」その先に結果がある
4　世界のトップに駆け上がった日本フィギュアの未来

氷の上で自由自在に踊る！
42の基本技術をきっちり解説

美しく舞うための
フィギュアスケート Lesson

銀盤で華麗に舞う42の基本技術をきっちり解説
上体の使い方までしっかりフォロー
スロー映像、足もとのアップ画面エッジング！分かりやすい

DVD収録メニュー

氷の上に立つ前に
スケート靴の解説＆履き方 靴の手入れの仕方 エッジと氷面の関係

Lesson1 スケーティング
#1-1 基本姿勢 #1-2 歩行 #1-3 両足フォア・スケーティング #1-4 両足バック・スケーティング #1-5 ひょうたん型フォア・スケーティング #1-6 ひょうたん型バック・スケーティング #1-7 スネーク型フォア・スケーティング #1-8 スネーク型バック・スケーティング #1-9 フォア・ストローク #1-10 バック・ストローク #1-11 フォア・スカリング #1-12 バック・スカリング #1-13 フォア・チェンジ・エッジ #1-14 フォア・クロスオーバー #1-15 バック・クロスオーバー

Lesson2 ストップ
#2-1 ハの字型ストップ #2-2 Tの字型ストップ #2-3 逆Tの字型ストップ #2-4 ニの字型ストップ

Lesson3 ターン
#3-1 両足フォア・スリーターン #3-2 両足フォア・アウトサイド・スリーターン #3-3 右足フォア・インサイド・スリーターン #3-4 両足バック・スリーターン #3-5 右足バック・アウトサイド・スリーターン #3-6 左足バック・インサイド・スリーターン #3-7 右足フォア・インサイド・モホークターン

Lesson4 スピン
#4-1 両足スタンドスピン #4-2 片足スタンドスピン #4-3 スピンを始める前と終えた後の動き #4-4 クロス・フット・スピン #4-5 バック・スクラッチ・スピン #4-6 シット・スピン #4-7 キャメル・スピン #4-8 レイバック・スピン

Lesson5 ジャンプ
#5-1 バニー・ホップ #5-2 スリー・ジャンプ #5-3 サルコウ #5-4 トゥループ #5-5 ループ #5-6 フリップ #5-7 ルッツ #5-8 アクセル

付録DVDの操作方法

この付録DVDは写真のMAIN MENUより、【氷の上に立つ前に】、【スケーティング】、【ストップ】、【ターン】、【スピン】、【ジャンプ】、【ALL PLAY（収録されている本編すべてを見る）】をそれぞれ選択できます。はじめは【ALL PLAY】からご覧頂き、その後、ご自身の用途に合わせて各項目を選び映像をお楽しみ下さい。

【氷の上に立つ前に】
スケート靴の履き方やメンテナンス方法などを解説します。

【スケーティング】～【ジャンプ】
フィギュアスケートの基本技術がマスターできます。ブレードや上体の使い方など、コツやポイントを交えつつ説明します。

【ALL PLAY】
収録されている映像を、順にすべて見ることができます。

各ボタンの説明
右の写真の画面（MAIN MENU）から各項目のボタンをクリック操作することで、それぞれのサブメニュー画面にジャンプします。サブメニュー画面では同様にお好みの項目をクリックして進み、映像をお楽しみ下さい。

なお、サブメニュー画面からは【MAIN MENU】をクリックすることによって、右の写真の画面に戻ることができます。

■注意■

本書の付録DVDはDVD-Videoです。DVD-Videoは映像と音声を高密度に記録したディスクです。DVD-Video対応プレーヤーで再生してください。本DVDはDVD-Video対応（専用）プレーヤーでの再生を前提に制作されています。DVD再生機能を持ったパソコンでも再生できますが、動作保証はできません。あらかじめご了承ください。ディスクの取り扱い、操作方法に関してのご質問・お問い合わせは、弊社は回答に応じる責任は負いません。くわしい再生上の取り扱いについては、ご使用のプレーヤーの取扱説明書をご覧ください。ご利用は利用者個人の責任において行なってください。本DVDならびに本書に関するすべての権利は、著作権者に留保されています。著作権者の承諾を得ずに、無断で複写・複製することは法律で禁止されています。また、本DVDの内容を無断で改変したり、第三者に譲渡・販売すること、営利目的で利用することは法律で禁止されています。本DVDや本書において落丁・乱丁、物理的欠陥があった場合には、TEL0480-38-6872（注文専用ダイヤル）までご連絡ください。本DVDおよび本書の内容に関するご質問は、電話では受け付けておりません。恐れ入りますが、本書編集部まで葉書、封書にてお問い合わせください。

WARM-UP
氷の上に立つ前に

スケート靴の解説&履き方…08
靴の手入れの仕方……………09
エッジと氷面の関係…………10

氷の上に立つ前に

スケート靴の解説＆履き方

靴は足にぴったりと合うものを選ぼう

子供の成長は早い。けれど唯一の道具である靴は
足のサイズにきちんと合ったものを選びましょう。

WARM-UP

❋ 前から

スケート靴は大別すると「靴」と「ブレード（金属部分）」に分けられます。滑るときの感覚は人それぞれ違うので、別々に購入した後に専門店と相談しながら取り付けてもらいましょう。

❋ 横から

❋1 靴を履くときはヒモを下まで十分に緩め、カカトをしっかりとフィットさせる

❋2 足が中で動かないように足首までは強く締める。スネはあまり強く締めない

❋3 ヒモが余ったらもう一度結んで調整。履き終えたら足が中で動かないか確認

マチコ先生のココがポイント！

ヒモを全部緩めてカカトをフィットさせる

靴を選ぶときは普段履いている靴のサイズから合わせていきましょう。スケート靴は皮製またはプラスチック製なので最初は履きづらく、大きいものを選びがちです。靴を選ぶときは全部ヒモを緩めてから履き、きちんとサイズに合ったものを選びましょう。カカトはしっかりとフィットさせます。中で左右に動いたり、つま先が余らない靴を選びましょう。

靴の手入れの仕方

スケート靴の手入れは
日頃からしっかりと

スケート靴はフィギュアスケートにとって唯一の道具。
使用後はこまめに手入れする習慣をつけましょう。

1 長く使うためにも手入れは丁寧に行なう

2 吸水性の高い布で、水滴をふき取る

3 エッジカバーも吸水性の高いものを使用するとよい

エッジケースをつける
リンクの外に出るときはエッジを傷つけないようにエッジカバーをつけます。歩いてもはずれないようにしっかり取り付けます

4 靴はなるべく通気性が高い袋に入れて持ち運ぶ

マチコ先生のココがポイント！

水滴のふき残しはブレードがさびる原因

長期間いい状態で使っていくためにも日頃の手入れは丁寧に行ないましょう。使用後長い間、水滴がつきっぱなしになっていると皮が傷み、ブレードも錆びてしまいます。スケート靴を入れる袋も通気性の高い布製のものを使うことをお勧めします。これはお母さんの手作りで十分です。次に使うまで期間が開くようであれば、時々風通しのよいところで陰干しをしましょう。

氷の上に立つ前に

エッジと氷面の関係

エッジの3つの役割を理解しよう

氷上を自由自在に滑るためにも
スケート靴と氷面の関係を知っておくことが重要です。

WARM-UP

❋ フラットで滑る
エッジの真上にフラットにのると体は真っすぐ進みます

❋ アウトサイドで滑る
体重を小指側にのせ、ブレードをアウトサイドに傾けると右に曲がっていきます

❋ インサイドで滑る
体重を親指側にのせ、ブレードをインサイドに傾けると左に曲がっていきます

マークの見方　── 着氷　　アウトサイドにのっている　　インサイドにのっている　　フラットにのっている　　※右足の場合

マチコ先生のココがポイント!

アウトサイドとインサイドの役割を理解しよう

ブレードは正面から見るとU字の形をしており、両サイドにあるインとアウトの2つのエッジが接氷します。フィギュアスケートではこのインとアウトのエッジを使いながら、氷の上を自由自在に滑ります。このとき、重要なのが体重移動です。インとアウトでは滑る方向が変わることを実感してみましょう。

10

S
Lesson 1
KATING
スケーティング

基本姿勢	12
歩行	13
両足フォア・スケーティング	14
両足バック・スケーティング	16
ひょうたん型フォア・スケーティング	18
ひょうたん型バック・スケーティング	20
スネーク型フォア・スケーティング	22
スネーク型バック・スケーティング	24
フォア・ストローク	26
バック・ストローク	28
フォア・スカリング	30
バック・スカリング	32
フォア・チェンジ・エッジ	34
フォア・クロスオーバー	36
バック・クロスオーバー	38

#1-1

S KATING
スケーティング

基本姿勢

正しい「立ち方」は すべての基本

カカトをつけ、つま先を開ける「逆ハ」の字で立ち、ヒザは伸ばし切らないで軽く曲げておきましょう。

❋ **悪い例**

内股になってしまうとブレードが内側に倒れてしまう

❋ **前から**
足は「逆ハ」の字にする。ヒザは伸ばさず軽く曲げておく

❋ **横から**
顔を上げて真っすぐ前を見る。肩と腕の力も抜く

ヒザを曲げたとき体が「く」の字にならないよう注意

マチコ先生の ❋ ココがポイント!

リラックスしてブレードの真上にのる

足を逆ハの字にキープして、足元を見ずに目線を上げて真っすぐ正面を見るようにします。氷の上に最初に立ったときは怖さで腰が引けてしまうことがあるので注意しましょう。体はリラックスさせてブレードの真上に乗せておきます。特に肩とヒザに力が入りすぎないように注意しましょう。体重がブレードに真上にのっている感覚を大事にしましょう。

SKATING

12

#1-2
SKATING スケーティング — 歩行

歩きながらブレードとの一体感を身につける

実際に氷の上を歩いてみましょう。ブレードの上にしっかりのって、無理せず小さな歩幅からスタート。

❄ 横から
右足のインサイドで体を支えながら「逆ハ」の字のまま左足を前に出す

❄ 横から
左足を着地したら右足を前へ。これを繰り返して前に歩いていく

❄ バックするとき
後ろ向きの歩行は「ハ」の字の形からスタート

❄ 前から
基本姿勢でしっかりと氷の上に立つ

目線を上げてゆっくり歩く

歩行ではブレードが真っすぐ向かないように逆ハの字の形をキープしておきます。ブレードが真っすぐ平行になってしまうと滑ってしまうことがあります。慣れないうちは不安から足元を見がちですが、基本姿勢は崩さず目線を上げておきます。最初は小さな歩幅でゆっくり歩いてみましょう。後ろに進む場合は「ハ」の字をつくってから同じように小股で歩いていきます。

#1-3
SKATING スケーティング

両足フォア・スケーティング

足首とヒザの曲げ、体重移動で前に進む

歩いた勢いのままブレードに体重をのせていき、両足を揃えてそのまま氷の上を滑ってみましょう。

❋1 基本姿勢から左足を踏み出していく

❋2 体重を左足にのせていきながらフラットに滑っていく

❋3 右足を引き寄せて両足を真すぐ平行にして滑る

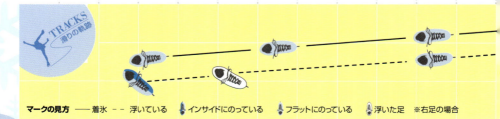

マークの見方 ── 着氷 -- 浮いている　インサイドにのっている　フラットにのっている　浮いた足　※右足の場合

両足フラットで滑る感覚を身につけよう

チコ先生の ココがポイント！ 氷を押すときはブレード全体のインサイドで押す感覚です。引き寄せた足は、踏み出した足と平行にして滑っていきます。体重を両足均等にかけて滑り、スピードが落ちてきたところで再び足首とヒザを曲げて今度は逆の足を斜め前方に踏み出していきます。「足首とヒザを曲げる」→「伸ばしながら滑る」→「足首とヒザを曲げる」→「伸ばしながら滑る」というリズムを大事にしましょう。両手を軽く広げておくとバランスが取りやすくなります。

4 スピードが落ちてきたら両足首とヒザを曲げる

＊5 左足のインサイドで氷を押し、右足に体重をのせて前に進む

＊6 左足を引き寄せて両足を揃えてフラットに滑る

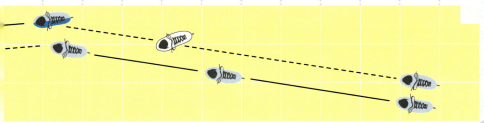

SKATING

#1-4 SKATING スケーティング

両足バック・スケーティング

前を向いたまま怖がらずに後ろに滑る

後ろ向きに滑るスケーティングの基本。上体は真っすぐな姿勢を保ったまま腰が引けないように注意しましょう。

＊1 右足のインサイドで氷を押し、左足で後ろに滑る

＊2 左足でフラットに滑りながら右足を浮かせる

＊3 両足を揃えてフラットにのる。ヒザは伸ばしたままキープ

TRACKS 滑りの軌跡

マークの見方　——着氷　- -浮いている　インサイドにのっている　フラットにのっている　浮いた足　※右足の場合

チコ先生のココがポイント！

滑り出しのときはアウトサイドにのる

後ろ向きで氷を蹴るのはなかなか難しいので、氷を強く蹴ろうとするのではなく、足のインサイドで押す感覚で滑っていきます。体重を両足均等にかけて滑り、スピードが落ちてきたら、再びヒザと足首を曲げて今度は逆の足を斜後方に踏み出していきます。足首とヒザの曲げ伸ばしのタイミングを大事にするのは、両足フォア・スケーティングと一緒です。滑り出しのとき、滑走足のアウトサイドにのると後ろに進みやすくなります。

4 両足の足首とヒザを曲げて、足を軽く「ハ」の字にする

*5 左足のインサイドで氷を押し、右足で後ろに滑る

*6 右足のフラットで滑りながら左足を引き寄せる

SKATING

17

#1-5 SKATING スケーティング

ひょうたん型フォア・スケーティング

エッジを使い分けてカカトで氷を押す

ヒザと足首を上手に使いながら、両足の間隔を狭めたり広げたりすることで「ひょうたん」を描いてみよう。

＊1 基本姿勢で立つ。足は「逆ハ」の字で両手は水平に伸ばしておく

＊2 両足のヒザをつま先が向いている方に曲げながら、カカトで氷を押していく

＊3 足を開きながらインサイド滑る。上体は真っすぐのまま

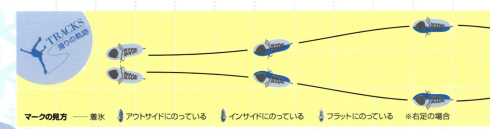

TRACKS 滑りの軌跡

マークの見方 ── 着氷　アウトサイドにのっている　インサイドにのっている　フラットにのっている　※右足の場合

体重は両足に均等にかけていく

きれいな「ひょうたん」を描くためには、両足に均等に力をかけて滑らなければなりません。つま先を開いていくときは、カカトで氷を押していきます。曲げたヒザと足首を伸ばすことで開いた足を閉じていきます。ヒザと足首の曲げ伸ばしをタイミングよくスピーディに行なうことで、一連の動きがスムーズになります。足を開く幅は、最初から無理して広げようとはせずに、少しずつ広げていきましょう。

4 ヒザを伸ばしながら足を閉じていく

*5 両足のヒザと足首を曲げて、再びカカトで氷を押していく

*6 両足のインサイドで滑ることにより、足は自然と閉じてくる

SKATING

SKATING スケーティング #1-6

ひょうたん型バック・スケーティング

ハの字の形から
つま先で氷を押す

上体が「く」の字にならないようにして、
小さな「ひょうたん」から始めましょう。

***1** 足は「ハ」の字にして立つ。ほかは基本姿勢と変わらない

***2** 両足の足首とヒザを曲げ、インサイドにのってつま先で氷を押していく

***3** 両足を平行に広げていく。エッジはインサイドにのったまま

マークの見方 ──着氷　🔽アウトサイドにのっている　🔽インサイドにのっている　🔽フラットにのっている　※右足の場合

つま先で氷を押していく感覚が大事

静止姿勢では足は肩幅よりやや広いぐらいの幅で広げすぎないように立ちます。足を開いていくときは、インサイドにのってつま先で氷を押していきます。足の角度の切り替えはヒザの曲げ伸ばしをタイミングよく行なうことで力を入れなくてもできるようになります。スムーズな足の角度の切り替えでは、フィギュアスケートで大事になる体重移動の感覚を身につけられるのでしっかりとマスターしましょう。

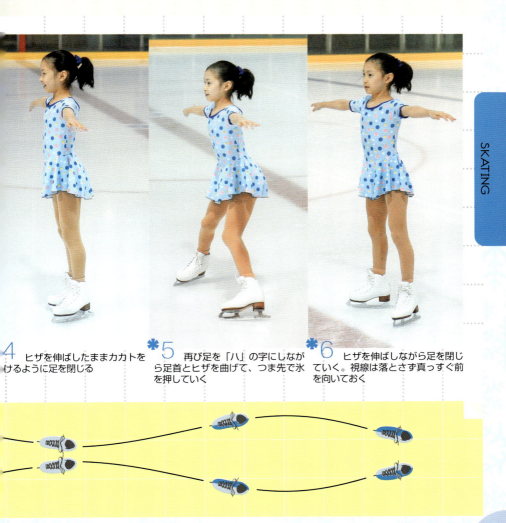

4 ヒザを伸ばしたままカカトをけるように足を閉じる

5 再び足を「ハ」の字にしながら足首とヒザを曲げて、つま先で氷を押していく

6 ヒザを伸ばしながら足を閉じていく。視線は落とさず真っすぐ前を向いておく

#1-7
SKATING スケーティング

スネーク型フォア・スケーティング

下半身の動きだけで 左右ジグザグに滑る

両足を平行にしたまま、ヒザと足首の曲げ伸ばしとエッジを うまく使って、蛇のように滑ってみましょう。

✳1 基本姿勢で立つ。慣れるまでは緩やかなスピードで両足平行で滑るところから始めるとやりやすい

✳2 肩のラインは崩さずに両足の足首とヒザを曲げてつま先を右斜め前に向ける。右足のカカトで氷を押す感覚を強く持つ

✳3 下半身のひねりを戻しながら左足のエッジをインサイドからアウトサイドへ、右足をアウトサイドからインサイドへ変える

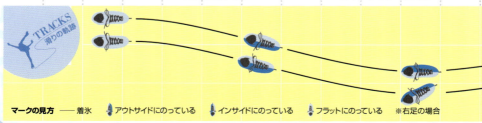

マークの見方 ── 着氷　アウトサイドにのっている　インサイドにのっている　フラットにのっている　※右足の場合

22

上体のひねりは最小限に抑えて滑る

「へび」が動くように平行にした両足を左右ジグザグに振っていきますが、このときにお尻を振らないように注意しましょう。上体はなるべく前を向けたまま、ひねりは最小限に抑えます。あくまでもブレードで氷を左右交互に押して動きをリードしていくことを心がけましょう。このとき手が前に回ってこないように注意します。カカトでしっかりと氷を押しながら、タイミングよくリズミカルに細かくエッジを切り替えてみましょう。

4 両足を平行に揃えたままフラトに滑る。このときも上体は前をけたままキープ

✳5 両足の足首とヒザを曲げ、下半身のひねりを戻しながら再びエッジを切り替えていく

✳6 ヒザを伸ばしながら両足を平行に揃えて滑る

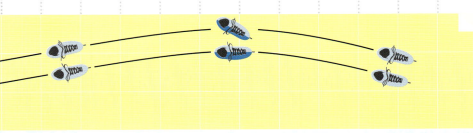

SKATING

#1-8 SKATING スケーティング

スネーク型バック・スケーティング

足首とヒザを柔らかく使ってリズミカルに

「足首とヒザを曲げて曲がる」「ヒザを伸ばして真っすぐ進む」を繰り返しながら、重心移動のコツをつかみましょう。

❋1 基本姿勢から足首とヒザを曲げながら下半身をひねっていく

❋2 両足の足首とヒザを曲げ、右足はインサイド、左足はアウトサイドにのり、右足のつま先で氷を押す

❋3 ヒザを伸ばしながら両足のエッジをフラットに切り替えていく

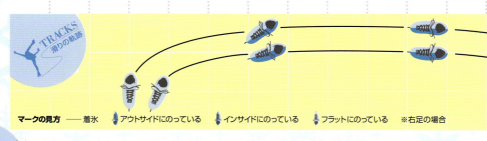

マークの見方　——着氷　　アウトサイドにのっている　　インサイドにのっている　　フラットにのっている　　※右足の場合

チコ先生の ココがポイント!

タイミングよくリズミカルにエッジを切り替える

フォアと同様にお尻を振って、腰を回しながら滑らないように注意しましょう。上体も同じく前を向けたまま視線も真っすぐ前に向けておきます。両手を横に広げておくことを意識すると上体のひねりを抑えられます。足首とヒザの曲げ伸ばしを繰り返しながらスムーズな両足エッジの切り替えを行なっていきましょう。氷はつま先でしっかりと押します。最初はタイミングよくリズミカルに左右に細かくエッジを切り替える方が簡単です。

4 両足を平行に揃えてフラット滑る。上体を前に向けておくこと下半身をひねることができる

*5 下半身のひねりを戻しながら、再び両足の足首とヒザを曲げてエッジを切り替えていく

*6 ヒザを伸ばしながら両足を平行にして滑る。上体はなるべく前に向けたままキープする

SKATING

25

#1-9 SKATING スケーティング

フォア・ストローク

フリーレッグの足首とヒザもしっかり曲げる

片足でのスケーティング。一歩一歩しっかりと滑って、片足のブレードに体重をのせる感覚を磨きましょう。

＊1 肩と腕の力を抜いて基本姿勢で立つ

＊2 左足のブレード全体で氷を押しながら、右足を踏み出していく

＊3 体重を滑走足の右足にしっかりとのせていく。左足は真っすぐばして氷から浮かせる

滑りの軌跡

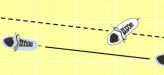

マークの見方　——着氷　- - 浮いている　　インサイドにのっている　　フラットにのっている　　浮いた足　※右足の場合

踏み出す足に体全体をのせる

胸を張り、前に踏み出した足に体全体をしっかりのせていきましょう。そのとき押した足（フリーレッグ）はしっかり後ろに伸ばしましょう。足の踏み替え時は滑走足の足首とヒザを曲げますが、このときフリーレッグ（浮かせた足）は滑走足に近づけ氷に着かないようにヒザを曲げることを忘れずに。写真はエッジをフラットで使ったストロークですが、インサイドだけ、アウトサイドだけを使ったストロークもあります。

4 左足を浮かせたまま右足に引き寄せる。右足だけで滑りながら左が氷に着かないように両足の足首ヒザを曲げる

＊5 右足のヒザを伸ばしながら氷を押していき、滑走足の左足を左斜め前に踏み出していく

＊6 体重を左足にのせながら、右足を真っすぐ後ろに伸ばして氷から浮かせる

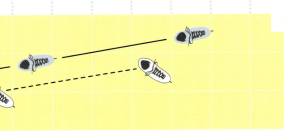

27

#1-10
SKATING スケーティング

バック・ストローク

滑走足のアウトサイドにのって滑り出す

後ろ向きでの片足のスケーティングも、滑走足にしっかりと体重をのせていくことが大事です。

✱1 基本姿勢で立ち、真っすぐ前を向いておく

✱2 左足を斜め後ろに踏み出しながら右足で氷を押していく

✱3 左足のアウトサイドに体重のせて滑る。フリーレッグを左足近づけていく

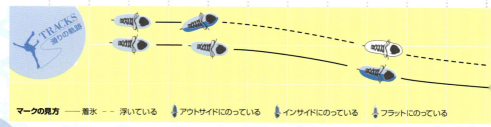

マークの見方　——着氷　- -浮いている　アウトサイドにのっている　インサイドにのっている　フラットにのっている

チコ先生のココがポイント！ 体重ののせ方に注意して滑る

斜め後ろに踏み出した足に体全体でのり込んでいきます。怖がってしまって上体が前傾して「く」の字にならないように気をつけましょう。視線は真っすぐ前に向けておきます。フォア・ストロークと同様、フリーレッグを引き寄せたときは足が氷に着かないように足首とヒザを曲げます。氷を押す足はインサイドで前に押し出すようにしましょう。足の踏み替え後、滑走足はアウトサイドにのっています。

4 両足の足首とヒザを曲げる

*5 右足を斜め後ろに踏み出しながら左足で氷を押していく

*6 右足のアウトサイドに体重をのせて滑る。視線は真っすぐ前に向けたまま

浮いた足　※右足の場合

29

#1-11 SKATING スケーティング

フォア・スカリング

しっかりと左足のアウトサイドにのる

アウトサイドに体重をのせた左足で体を支えながら、右足で氷を押して体全体を加速させていきましょう。

マークの見方　——　着氷　　アウトサイドにのっている

TRACKS 滑りの軌跡

*1 両足で反時計回りに滑ってくる。左足のアウトサイドにのっている感覚を強く持つ

*2 両足のヒザを伸ばして滑る。右足はインサイド、左足はアウトサイドにのっている

*3 左足の足首とヒザを曲げながら右足で氷を円の外向きに押していく。上体は左足にのせておく

氷を押す右足は引きずる感じで

左足のアウトサイド、右足のインサイドで滑りながら、右足で氷を外側に向かって繰り返し押すことできれいな円を描けるようになります。体重は常に左足のアウトサイドにかけておくことを意識しましょう。氷を外側に連続して押す右足は極端に浮かせず、自然に引き寄せていきましょう。両ヒザの曲げ伸ばしの力を利用して氷を押していきます。反時計回りだけでなく、時計回りも一緒に練習しましょう。

インサイドにのっている　　※右足の場合

*5 右足のヒザを伸ばしながら氷を押していく

*6 左足のアウトサイドにのることで自然と円を描くことができる

4 左足のヒザを伸ばしながら右足を氷から浮かせずに引き寄せていく、両足が揃ったところで再び足首とヒザを曲げる

SKATING

31

#1-12
SKATING スケーティング

バック・スカリング

左足はあまり浮かせず自然に引き寄せる

両腕をうまく使って、上体を前向きにキープできるようになりましょう。慣れてきたら逆の足にも挑戦しましょう。

マークの見方 ── 着氷　アウトサイドにのっている
TRACKS 滑りの軌跡

★1 両足を平行にして後ろ向きで滑る。ヒザは伸びている

★2 右足のアウトサイドにのりながら、左足のインサイドで氷を円の外側に押していく

★3 ヒザを伸ばしながら左足をからあまり浮かせず引き寄せていく

32

手の位置を変えずに上体を前向きにキープ

体重を常に右足のアウトサイドにかけておけば、自然と円を描けるようになります。右足のヒザを曲げながら左足で氷を押していきましょう。氷を外側に押した左足はあまり浮かせず、右足のヒザを伸ばしながら引き寄せます。

左手を前、右手を後ろというポジションをキープすることで、上体をしっかり前に向けられるようになります。視線は真っすぐ前に向けておきましょう。慣れてきたら時計回りも一緒に練習しましょう。

インサイドにのっている　※右足の場合

4 左足のヒザと足首を曲げながら再び右足で氷を押していく

＊5 体重は右足にのせておき、アウトサイドで滑る意識を強く持つ

＊6 滑走中は円をなぞるように両手を広げておくことで、常に上体を前向きにキープできる

SKATING

#1-13 SKATING スケーティング

フォア・チェンジ・エッジ

エッジを使い分けてきれいなS字を描く

片足で滑りながら、使うエッジをスムーズに変えることで自由自在に曲線を描いてみましょう。

❋1 左足で氷を押しながら右足を踏み出していく。右足のアウトサイドにのる

❋2 右足のアウトサイドにのりながら時計回りで滑る。フリーレッグの左足は右足の前に出しておく

❋3 左足は前に出したまま右足アウトエッジで滑べる

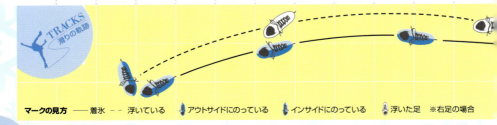

マークの見方　── 着氷　-- 浮いている　　アウトサイドにのっている　　インサイドにのっている　　浮いた足　※右足の場合

エッジのスムーズな切り替えを目指す

きれいな「S」字を描くためにはエッジのスムーズな切り替えが必要です。滑走足のヒザと足首の柔軟性をうまく使いながら、体重をのせ替えていきましょう。慣れないうちは、エッジの切り替えの間にエッジの真上に乗って真っすぐ滑る動きを入れてもかまいません。フリーレッグが前にあるときは上体が右に傾き過ぎないように気をつけて。慣れてきたら後ろに進むなどいろいろな形にチャレンジしてみましょう。

4 右足のエッジをアウトサイドからインサイドへ切り替えていく

*5 左足を右足の後ろに引きながら右足のインサイドにのっていく。このとき、右足のヒザは曲げていく

*6 右足のインサイドにのったまま滑る。動きの中では右手が前、左手が後ろのポジションは変わらない

SKATING スケーティング #1-14

フォア・クロスオーバー

足を交差させながらエッジで円を描いていく

前向きで右足をクロスさせながら踏み替えていき、反時計回りに「円」を描いてみましょう。

TRACKS 滑りの軌跡

マークの見方 ── 着氷 - - 浮いている　アウトサイドにのってい

❋1 右足のインサイドで反時計回りに滑る

❋2 左足のアウトサイドで滑って、体重を左足にのせていく

❋3 右足を浮かせ、左足のアウサイドで滑っていく

右足は左足にクロスさせて横に置く

右足のインサイドで氷を押し、体重を後ろに残さずに滑走足のヒザを滑っていく方向に曲げます。右足は左足の横に置き、左足は伸ばしながら氷を押します。体重はタイミングよく前に出していく足にかけていくことを心がけましょう。右手は前、左手は後ろにキープしておきます。足をクロスさせる動きだけではなく、エッジをしっかり使って回っていきます。時計回りも一緒に練習しましょう。

インサイドにのっている　浮いた足　※右足の場合

*6 右足を左足の横でクロスする

*5 滑走足のヒザを曲げたまま、右足を前に出していく

4 左足のヒザと足首を曲げながら右足を前に引き寄せる

SKATING

37

#1-15
SKATING スケーティング

バック・クロスオーバー

抜いた右足は肩幅くらいの場所に置く

両腕を肩の高さで水平に広げ、腰は回さずに右手の指先を進行方向に向けて動きをリードしましょう。

TRACKS 滑りの軌跡　マークの見方 —— 着氷　- - 浮いている　❋ アウトサイドにのってい

❋1 左足のインサイド、右足のアウトサイドで反時計回りに滑る

❋2 右足に体重をのせていきながら、左足のインサイドで氷を押していく感覚を強く持つ

❋3 左足を右足の横でクロスさる。体重は左足にのせ、右足のアウトサイドで氷を押していく

マチコ先生の ココがポイント！

右足を伸ばしながら氷を押す

フォアと同様に滑走足（右足）の横に左足をクロスさせ、右足を伸ばしながら氷を押していきます。抜いた右足は左足の横に肩幅程度の間隔を開けて置きます。このとき、右足を着く位置が左足に近すぎてしまうとバランスを崩しやすいので注意しましょう。左手は前、右手は後ろにキープしておき、上体は真っすぐ前に向けておきます。感覚がつかめてきたら時計回りも一緒に練習しましょう。

インサイドにのっている　浮いた足　※右足の場合

*6 体重を右足にのせていきながら、右足のアウトサイド、左足のインサイドで滑る

*5 抜いた右足は左足の横に肩幅程度の間隔をおいて氷に置く

4 左足のヒザを伸ばしながら右足を抜いていく

SKATING

39

COLUMN-1
観客を魅了する表現力を身につけるために必要なこと

　私が考える表現力とは、曲に助けてもらうのではなく、演技で曲を一層盛り上げていくことができる力のことです。そのためには曲のイメージを膨らませなければいけませんが、それは子供たちにとっては難しい作業かもしれません。そこで、振付け師の方やご両親の手助けが必要となります。その曲が使われているミュージカルや映画などを一緒に観て、子供なりに考える機会を与えてあげることも大事でしょう。

　表現では子供の個性も大きなウエートを占めます。たとえば浅田姉妹でも、真央ちゃんは演技の途中から観客が沸いて演技が終わる前にスタンディング・オベーションが始まるのに対し、舞ちゃんはみんなが静かになって見惚れてしまい、終わった後にひと呼吸おいて歓声が上がるという、それぞれ違うものでした。もちろん、最終的にはいろいろな曲調を滑れるように趣が異なる曲にチャレンジするシーズンもあるでしょうが、基本的にはその子の個性や魅力をどうすれば発揮できるかを一番に考えることが大事だと思います。

Lesson 2
STOP
ストップ

ハの字型ストップ………42
Tの字型ストップ………43
逆T字型ストップ………44
二の字型ストップ………45

#2-1
STOP ストップ

ハの字型ストップ

両足均等に体重をかけて「ハ」の字で止まる

両腕は後ろに軽く引く感じで。止まるときに体が「く」の字にならないように気をつけましょう。

＊1 両足を平行にして滑ってくる

＊前から 体重は両足に均等にのせ、「ハ」の字の角度が左右で同じになるように

＊2 足を「ハ」の字にしていく。上体は前にも後ろにも傾かせずに真っすぐにしておく

＊3 しっかり「ハ」の字をつくって完全に体を止める。両手を広げておけばバランスが取れる

マチコ先生のココがポイント！

インサイドで氷を削る感覚を大事にする

きちんと止まるために「ハ」の字は思い切りよく素早くつくる必要があります。つま先を閉じるというよりもカカトを開くことを意識することで素早くできるようになるでしょう。氷を両足のインサイドで削って、ブレーキをかける感覚です。手を前に出すことでストップ時の上体の前傾を抑えることができます。

2-2 STOP ストップ

Tの字型ストップ

前の足に体重をかけていく気持ちで

体重をしっかり前にのせ、右足のアウトエッジを使って体を止めましょう。

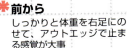

*1 左足のフラットで滑る。左足の足首とヒザは曲げておく

*前から しっかりと体重を右足にのせて、アウトエッジで止まる感覚が大事

*2 滑走足の左足のヒザを伸ばしながら、右足のブレードを横にしながら前に出していく

*3 右足のアウトサイドで氷を削っていく感覚。目線は上げておく

マチコ先生の**ココがポイント！**

上体は真っすぐ前に向けたまま止まる

氷面を削るのは右足のアウトエッジです。インエッジで氷面を削らないように注意しましょう。T字をつくるときは腰が回らないように気をつけます。最初からスピードをつけた状態でやるのが難しい場合は、最初に一歩踏み出して止まってみるところから始めましょう。左足には力を入れず、体を支える補助の役割をさせます。

STOP

43

#2-3

STOP ストップ

逆Tの字型ストップ

右足のアウトエッジでブレーキをかける

上体は真っすぐのまま、最後まで前向きの体勢をキープしましょう。

※1 左足フラットで滑る。左足の足首とヒザは曲げておく

※2 左足のヒザを伸ばしながら、右足のブレードを横にして左足のカカトの後ろに移動する

※前から 両足でしっかりと「逆T」字をつくる

※3 右足のアウトサイドで氷を削って体を止める。両腕でバランスを取り、上体を前に向けたままストップ

マチコ先生のココがポイント！

腰が回らないように気をつける

右足を氷からわずかに浮かせながら左足の後ろに持っていきます。氷を削るのは右足のアウトエッジです。右足を後ろに引くことで上体も右側に開きがちですが、腰が回らないように気をつけましょう。「T」字と同じく、最初からスピードをつけた状態でやるのが難しい場合は一歩踏み出して止まるところから始めましょう。

44

#2-4 STOP ストップ
ニの字型ストップ

下半身のひねりで 一気にブレードを横にする

思い切りが大事。右手を足とは逆方向に引くことで、バランスを取ることができます。

✻1 両足を平行で滑る。右手を前、左手を後ろにして上体をひねる

✻2 右手を引いて上体のひねりを戻しながら、左右のブレードを素早く真横に向ける

✻前から 右手をしっかり後ろに引けば上体は真っすぐ前を向く

✻3 両足は平行のまま、右足のインサイド、左足のアウトサイドで止まる

マチコ先生のココがポイント！
素早く「ニ」の字をつくって体を止める

つま先を横にする意識ではなくカカトを横に開く意識を持ちましょう。足を「ニ」の字にしたとき、上体が一緒に横を向いてしまうと体が回転してしまうので、つま先が横を向いても上体は前を向いた状態をキープしましょう。そのためには横に広げた両手の形を崩さないように上体を逆側にひねることが必要です。

45

COLUMN-2

日頃の身だしなみが
演技に表れる

　上達のためには、氷の上に立っていない時間も大事にしたいものです。オフ・アイスの過ごし方としてジャズダンスを習ったり、体操教室に通ったりなどプラスαの練習に目を向けがちですが、子供が成長期に差しかかることを考えれば、日々の体のケアにも気を配る必要があります。

　特に足のケアは大切です。骨が伸びようとしているときに、過度な運動によって痛みが出てしまうことは珍しくありません。少しでもおかしいと感じたら、すぐに専門家に診てもらいましょう。

　また、演技へのプラスを考えるなら、いつもきれいなものを身につけておくのも心がけてほしいことです。街へお出かけするときもきちんと洗濯したきれいな洋服を着ていけば、それだけで自然と背すじが伸びて、表情も明るくなります。これは練習でも一緒です。間違っても穴の空いた手袋などは着けないようにしましょう。だらしない普段の生活が、だらしない演技になってしまうのがフィギュアスケートなのです。

Lesson 3
Turn
ターン

- 両足フォア・スリーターン ……………………48
- 左足フォア・アウトサイド・スリーターン ……50
- 右足フォア・インサイド・スリーターン ………52
- 両足バック・スリーターン ……………………54
- 右足バック・アウトサイド・スリーターン ……56
- 左足バック・インサイド・スリーターン ………58
- 右足フォア・インサイド・モホークターン……60

#3-1
TURN ターン

両足フォア・スリーターン

上体のひねりの力で体の向きを変える

「スリーターン」とはエッジの軌跡が「3」を描くことに由来していま
つま先を支点にして、くるっとターンしてみましょう。

TURN

＊1 両足を平行にしたまま、右足のインサイド、左足のアウトサイドで反時計回りに滑る

＊2 足の位置はそのままの状態で、右手を前に出し、左手を後ろに引いて上体のひねりをつくる

＊3 上体のひねりをキープしたま、両足の足首とヒザを曲げる

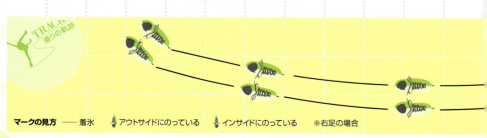

マークの見方 ──着氷 アウトサイドにのっている インサイドにのっている ※右足の場合

48

体重をカカト側からつま先にのり替えていく

右手を前、左手を後ろにして上体をひねり、ターンをしたと同時に右手を後ろに引きながらひねり返します。上体をひねるときは腰を回さずに両肩を前後にひねるようにしましょう。スリーターンは体の向き、回転方向で何種類かに区別されますが、両足のスリーターンはすべての基本になるのでしっかりと身につけましょう。ターンの前後で体重はカカト側からつま先側にのり替えていく感覚です。

4 上体のひねりを戻す力を利用して、つま先を支点にターンする

5 後ろ向きで滑る。使うエッジは左足がアウトサイドからインサイドへ、右足がインサイドからアウトサイドへ切り替わる

6 ターン前後で手の位置は変わらない。視線はしっかり前に向けておくように

TURN

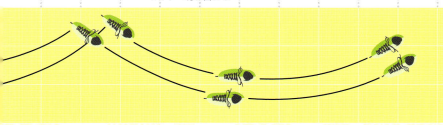

#3-2 TURN ターン

左足フォア・アウトサイド・スリーターン

右足が前に出ないよう腰の回転を抑える

左足のアウトサイドで、反時計回りに行なうスリーターン。使うエッジをアウトサイドからインサイドへ切り替えます。

✤1 左足のアウトサイドで滑る。両手を横に広げておき、上体はひねらず前に向けておく

✤2 フリーレッグの右足は後ろに引いたまま、右手を前に出して上体のひねりをつくる

✤3 腰を回さず、両肩を前後にることで十分に上体をひねる

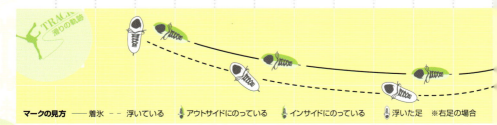

マークの見方　——着氷　- -浮いている　アウトサイドにのっている　インサイドにのっている　浮いた足　※右足の場合

イチコ先生の ココがポイント！

瞬間的にターンすることを心がける

上体のひねりを戻す力をうまく使ってターンします。ターンでは体の向きが変わると同時に使うエッジが、フォアのアウトサイドからバックのインサイドへと変わります。ターンの前に腰が回ってしまって、右足が体の横に出てこないように気をつけましょう。できるだけ腰のポジションはキープしたまま、瞬間的にターンすることを心がけます。ターンの前後で、体重はカカト側からつま先側にのり替えていく感覚を持ちます。

4 上体のひねりを戻しながら、つま先を支点にターンする

＊5 ターン前後で、使うエッジがアウトサイドからインサイドに切り替わる

＊右足でも練習しよう！
右足でターンする「右足フォア・アウトサイド・スリーターン」も一緒に練習しましょう。この場合、体の回転は時計回りになります。ターン前後のエッジの切り替えは同じです。

TURN

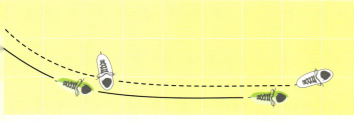

#3-3
TURN ターン

右足フォア・インサイド・スリーターン

カカト側からつま先側に体重を移動させる

右足のインサイドで反時計回りに行なうスリーターン。
使うエッジはインサイドからアウトサイドに切り替わります。

＊1 右足のインサイドで滑る。体重は右足にのせ、視線はしっかり前に向けておく

＊2 右手を前に出し、左手を後ろに引いて上体のひねりをつくる

＊3 上体のひねりを戻しながら右足のブレードを浮かす感覚で、つま先を支点にターンする

マークの見方 ── 着氷 ─ ─ 浮いている　アウトサイドにのっている　インサイドにのっている　浮いた足　※右足の場合

エッジはインサイドからアウトサイドへ

ターンでは体の向きが変わると同時に、使うエッジがフォアのインサイドからバックのアウトサイドへと変わります。ターンする瞬間に右手を後ろに引くことを意識すれば上体のひねりを上手に使えるようになります。ターンの前後で肩のラインが水平になっている姿勢を保っていれば、きれいでスムーズなターンができるようになります。ターンの前後で体重はカカト側からつま先側にのり替えていく感覚を持ちます。

4 ターン後はしっかり右足のアウトサイドにのる

＊5 フリーレッグの左足を後ろに引き、右足アウトサイドで滑る

＊左足でも練習しよう！

左足でターンする「左足フォア・インサイド・スリーターン」も一緒に練習しましょう。この場合、体の回転は時計回りになります。ターン前後のエッジの切り替えは同じです。

TURN

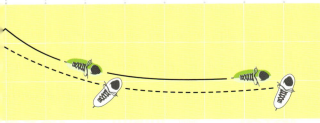

#3-4 TURN ターン

両足バック・スリーターン

左手を後ろに引いて上体のひねりをつくる

後ろ向きから前向きになるターン。カカトを支点にして体を180度回転させ、前を向きましょう。

＊1 両足を平行のまま、右足のアウトサイド、左足のインサイドで反時計回りに滑る

＊2 足の位置はそのままの状態で、右手を前に出し、左手を後ろに引いて上体のひねりをつくる

＊3 十分に上体をひねったところ。腰は回っていないのが分かる

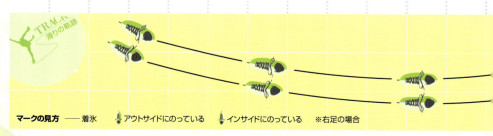

マークの見方　——着氷　　アウトサイドにのっている　　インサイドにのっている　　※右足の場合

腰は回さず両肩を前後にして上体をひねる

上体のひねりで動きをリードしながらエッジを反時計回りに回します。上体のひねりは両手と一緒に顔を左肩の方向に向けるとつくりやすくなります。このとき腰を回さないように注意します。ターンでは右手を後ろに引っ張るようにすることで、ひねりの力をうまく使えるようになります。ターンしても右手と左手のポジションは変わりません。ターンの前後で体重はつま先側からカカト側にのり替えていく感覚を持ちます。

TURN

4 上体のひねりを戻す力を利用して、カカトを支点に体の向きを変えていく

5 右手を後ろにしっかり引いておくことで余分な体の回転を抑えることができる

6 使うエッジは右足がアウトサイドからインサイド、左足がインサイドからアウトサイドに切り替わる

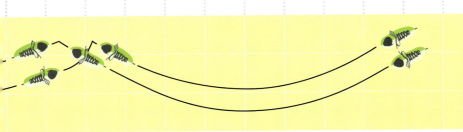

55

#3-5
TURN ターン

右足バック・アウトサイド・スリーターン

フリーレッグはリラックスさせて体の前に

右足のアウトサイドで反時計回りに体を回します。
使うエッジはアウトサイドからインサイドに切り替わります。

※1 右足のアウトサイドで滑る。フリーレッグは体の前に

※2 腰は回さずに右手を前に出し、左手を後ろに引いて上体のひねりをつくる

※3 上体のひねりを戻しながらカカトを支点にターン

マークの見方　──着氷　- -浮いている　　アウトサイドにのっている　　インサイドにのっている　　浮いた足　※右足の場合

チコ先生の ココが ポイント！

左足のヒザを伸ばし、つま先をやや外側に向ける

左足を右足のつま先の前に浮かせてターン動作に入りますが、このとき、ブレードを軽く浮かせる感覚を持つとターンがスムーズにできます。ターンでは体の向きが変わると同時に、使うエッジがバックのアウトサイドからフォアのインサイドへと変わります。上体をひねるときは、腰が回って左足が横に出てこないように注意します。ターンの前後で体重はつま先側からカカト側にのり替えていく感覚で行ないましょう。

4 ターン前後で使うエッジがアウトサイドからインサイドに切り替わる

5 右足のインサイドで滑る。フリーレッグの左足は、常に体の前にある

＊ 左足でも練習しよう！

左足でターンする「左足バック・アウトサイド・スリーターン」も一緒に練習しましょう。この場合、体の回転は時計回りになります。ターン前後のエッジの切り替えは同じです。

TURN

#3-6 TURN ターン

左足バック・インサイド・スリーターン

顔を左肩に向けて 上体のひねりをつくる

左足のインサイドで反時計回りに体を回します。
使うエッジはインサイドからアウトサイドに切り替わります。

*1 左足のインサイドで滑る。両肩を前後にして上体のひねりをつくる

*2 左足の足首とヒザを曲げる。フリーレッグの右足は、力を抜いておく

*3 上体のひねりを戻しながら左足のブレードを浮かす感覚で、カトを支点にターンする

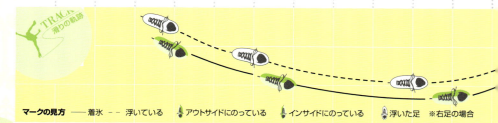

マークの見方　——着氷　- -浮いている　アウトサイドにのっている　インサイドにのっている　浮いた足　※右足の場合

上体が「く」の字にならないように注意

フリーレッグの右足はリラックスさせて体の前に浮かせておきます。左足のインサイドで滑りながら腰の回転を抑え、上体のひねりをつくります。このとき、顔を左肩の方向に向けると肩のラインでひねりをつくりやすくなります。ターンする直前まで、滑走足の足首とヒザは十分に曲げておきます。ターンの前後でお尻が突き出て上体が「く」の字にならないように気をつけましょう。体の向きが変わっても右手と左手のポジションは変わりません。

4 使うエッジをインサイドからアウトサイドに切り替える

*5 左足のアウトサイドで滑っていく。フリーレッグの右足は常に体の前にある

✱ 右足でも練習しよう！

右足でターンする「右足バック・インサイド・スリーターン」も一緒に練習しましょう。この場合、体の回転は時計回りになります。ターン前後のエッジの切り替えは同じです。

TURN

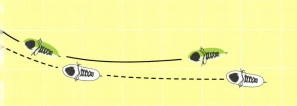

#3-7
TURN ターン

右足フォア・インサイド・モホークターン

踏み替えた後の右足は体の後ろに引いていく

体を開きながら左足のつま先を後ろに向けていきます。素早く足を踏み替えて、体をターンさせましょう。

TURN

*1 右足のインサイドで滑る。左手は前に出し、右手は後ろに引いておく

*2 フリーレッグの左足を前に出しながら、左手を後ろに引き、右手を前に出す

*3 右手を引きながら体をひね返し、左足のつま先を後ろに向けいく

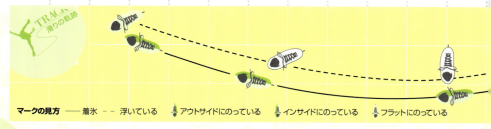

マークの見方　── 着氷　- - 浮いている　アウトサイドにのっている　インサイドにのっている　フラットにのっている

踏み替える左足はインサイドで氷に置く

フリーレッグの左足のつま先を開きながら上体も同時に開いていきます。左足のつま先が後ろを向いたところで体重をのせ替えて、体の向きを瞬間的に変えます。体重をのせ替えにくいときには、足の踏み替えのときにフリーレッグとなった右足を後ろに引く気持ちを持つと、左足にのりやすくなります。氷に置いた左足は、インサイドにのることが重要です。ターンした後は、視線を上げて真っすぐ前を見ておきましょう。

4 左足のつま先が後ろを向いたところで、踏み替え動作を行なう。足はインサイドで氷に置く

＊5 体重を左足にのせてインサイドでしっかり滑る。右足は後ろに引いていく

＊左足でも練習しよう！

左足でターンする「左足フォア・インサイド・モホークターン」も一緒に練習しましょう。この場合、体の回転は時計回りになります。ターン前後で使うエッジは同じです。

浮いた足　※右足の場合

61

COLUMN-3

「昨日より今日、今日より明日」その先に結果がある

　できなかった技ができるようになった。これは子供にとってだけでなく、ご両親にとっても大きな喜びでしょう。ですが、やはり子供のことを考えると、あまりにも性急で過大な期待は重荷にしかならないということを覚えておかなければなりません。

　練習中にリンクサイドに付き添いのご両親を入れないのが一般的なのも、それが理由のようです。口出しがあまりに過ぎるようになれば子供も顔色を伺うようになりますし、そうなれば練習に集中できません。

　私自身は家族ぐるみでスケート愛好家になってもらいたいという思いから、ご両親にもリンクサイドに入っていただいていますが、それでもこの点については注意することもあります。「コツコツ行こう！」。これが合言葉です。いきなり「五輪を目指す」では疲れてしまいます。それよりも「昨日より今日、今日より明日」で少しずつやれることをやっていけばいいのではないでしょうか。県で何番、日本で何番という結果は、その先にあるものだと思います。

Lesson 4
SPIN
スピン

- 両足スタンドスピン …………………… 64
- 片足スタンドスピン …………………… 65
- スピンを始める前と終えた後の動き … 66
- クロス・フット・スピン ………………… 68
- バック・スクラッチ・スピン …………… 70
- シット・スピン …………………………… 72
- キャメル・スピン ………………………… 74
- レイバック・スピン ……………………… 76

#4-1
SPIN スピン

両足スタンド・スピン

右足を左足に近づければ軸が安定する

すべてのスピンの基本となる両足を着いたスピン。腕を開いたり閉じたりすることによって、回転スピードが調節できます。

※1 両足を肩幅程度に広げて「ハ」の字に開き、両肩を前後にして上体をひねる

※2 上体のひねりを戻す力を利用して体を回転させる。両腕は体の前で大きなものを抱えるように広げておく

※3 回転が半周を過ぎてから両手を胸に引き寄せていくと回転スピードが上がる

※4 両手を広げながら回転スピードを落とし、しっかりとフィニッシュ

マチコ先生のココがポイント!

フィニッシュの形までが「スピン」

回転力を生み出すためには上体のひねりが重要ですが、手と肩の力を抜いておかないと体が回りにくくなってしまいます。両足で回りながら、左足を軸にして右足を近づけていく意識を持ちましょう。スピンは両腕を広げて体を止めるところまでがひとつの動きとなるので、最後までしっかりとやりましょう。

4-2 SPIN スピン

片足スタンド・スピン

フリーレッグを近づけて回転速度を上げる

片足スピンは演技の中でもよく使われるスピン。
フリーレッグの動きも一緒にマスターしましょう。

＊1 基本姿勢から左足を踏み出していき、アウトサイドにのる

＊2 フリーレッグの右足でバランスを保ちながら左足を軸に体を回転させていく

＊3 両手を胸に、右足を左足のヒザの横に引き寄せると回転スピードが上がる

＊4 両手を広げて回転スピードを緩めたら、右足アウトサイドに踏み替えて滑る

軸足が流れないように注意する

軸足となる左足を踏み込み、右足が前に出てきたら左足のヒザと足首を伸ばしていきます。右足が前に出てきてバランスが取れたら、左足に近づけていき回転スピードを上げていきましょう。

足を寄せたときは、左足のヒザの横に右足を引き寄せておくとスピンがきれいに見えて安定します。スピンに入るときは軸足が流れないように注意しましょう。

#4-3
SPIN スピン

スピンの始め方と終わり方

スムーズな滑りが
スピンの力を生む

迫力のあるスピンをするために重要な、始める前と後の動き。
全身を使ってダイナミックさをアピールしましょう。

✻1 バック・スケーティングの要領で右足の足首とヒザを曲げた状態からブレード全体で氷を押していく

✻2 左足に体重をのせて、アウトサイドで滑る

✻3 左足の前で右足を交差させ

✻7 片足スピンと同様に右足でバランスを保ちながら左足を軸に体を回転させる

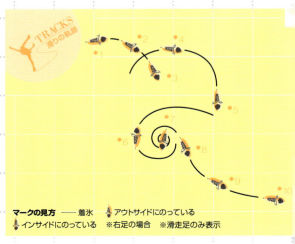

TRACKS 滑りの軌跡

マークの見方 ── 着氷　⛸ アウトサイドにのっている
⛸ インサイドにのっている　※右足の場合　※滑走足のみ表示

スピンの終わりは右足アウトサイドで抜ける

いずれのスピンもまずは単体として形と感覚を覚えるところから始めますが、競技の中でスピード感、迫力がある優雅なスピンをするためには、これまで学んだクロスオーバー、スリーターンなどをしっかりとマスターしておく必要があります。動きのつなぎをスムーズにすることでスピードがのり、回転力へと変換されるようになります。動きの中では上体は真っすぐのままキープし、崩れないように注意しましょう。

右足のインサイドで滑りながら左足を後方に抜く。左手を前、を後ろにして上体をひねる

*5 フリーレッグの左足を前に踏み出していく

*6 しっかりと左足に体重をのせ、左足アウトサイドでスピン動作に入っていく

スピンを終えるときは、両手げて回転スピードを緩め、左足右足に踏み替える

*9 右足のアウトサイドにのりながら、左足を浮かせていく

*10 フリーレッグを後ろに引きながら、上体を崩さず右足アウトサイドで滑る

#4-4 SPIN スピン

クロス・フット・スピン

2段階の回転スピードの変化を体感しよう

回転中に左足の前に右足をクロスさせていくスピン。
軸が崩れないように気をつけましょう。

*1 左足のアウトサイドで滑りながらヒザを伸ばしていく

*2 軸となる左足の上にしっかりと上体をのせ、フリーレッグの右足でバランスを取る

*3 まず右足のももを上げたま左足の前でクロスさせ、そこから足を左足に沿って下げていく

マチコ先生の ココがポイント！

右足は差し込むようにクロスさせていく

右足は斜め上から差し込むような感覚で左足とクロスさせていきます。回転スピードは「右足を左足の前でクロスさせる」、「クロスした右足を下げていく」の2段階で上がります。右足を左足の前にクロスさせるときに、腰で体を回そうとしないように気をつけましょう。回転中は体が「く」の字にならないように注意しましょう。

4　両手も胸に引き寄せておく。から左足にかけて1本の軸を意識する

＊5　交差させた両足をほどきながら、両手を広げて回転スピードを緩めていく

＊6　右足のアウトサイドに踏み替えて後ろ向きに滑る。左足は後ろに引いていく

SPIN

69

#4-5
SPIN スピン

バック・スクラッチ・スピン

右足スピンは滑りの
バリエーションを広げる

スピン・コンビネーションには必須の技術です。左足で回るスピンと組み合わせて使えば、動きがスムーズにつながります。

1 左足のブレード全体で氷を押し、思い切りよく右足を前に踏み出していく

2 右足で体の向きを替える

3 フリーレッグは前に置いてバランスを保つ

軸の取り方がジャンプの練習になる

右足のフォアのインサイドで滑り、ターンしたと同時にスピンの軸をつくります。このとき、左足のヒザは真っすぐ伸ばすようにしましょう。スピンの最初からフィニッシュまで右足だけで行ないます。フリーレッグの左足をうまく使いながら回転スピードを調整し、バランスを取ります。体の軸のつくり方がジャンプと一緒なので、ジャンプの基礎練習にもなります。はじめのうちは、スピンを終えるときに一度左足に踏み替えてもかまいません。

4 バランスを保ちながら右足の〔前〕に左足をクロスさせる。少しずつ〔回〕転スピードが上がる

*5 両手を胸に引き寄せながら、交差させた左足を右足に沿って下ろしていく

*6 そのまま踏み替えずに右足のアウトサイドにのりながら、両手を広げてフィニッシュ

SPIN

#4-6 SPIN スピン

シット・スピン

両手を前に出して
バランスをキープする

回転中に腰を落としていく、低い姿勢で行なうスピン。
美しく回転するためには、体の柔軟性も必要です。

★1 左足のアウトサイドにのりながら体全体で前に踏み出していく

★2 フリーレッグの右足を後ろから前に押し出し、スピンの体勢に入っていく

★3 右足を前に上げたまま軸（左足）のヒザを曲げて上体を落としていく

チコ先生の ココがポイント!

ヒザをしっかり曲げて姿勢を低くする

軸足である左足のヒザを曲げて上体を落としていきます。このとき、ヒザが曲がらず上体だけが前かがみにならないように注意しましょう。両手を前に出して重心を前に持ってくると、バランスを取りやすくなります。前に伸ばした右足のヒザとつま先は、内側ではなく外側に向けると回転姿勢がきれいに見えます。お尻を落としすぎないようにヒザの上に重心をのせましょう。足首の柔軟性が必要なスピンです。

4 バランスを取るには両手を前に出しておく。フリーレッグが氷につかないように注意する

＊5 両手を広げながら回転スピードを緩めていき、軸足のヒザを伸ばしていく

＊6 上体を起したら足を踏み替えて、右足アウトサイドで後ろ向きに滑る

SPIN

73

SPIN スピン #4-7

キャメル・スピン

右足のつま先を外に向けて「美」をアピール

横から見て、体の形がきれいな「T」になるように。
スピン中に顔を上げておくこともポイントです。

✱1 左足のアウトサイドで滑る。体重をしっかりのせ、視線は上げておく

✱2 フリーレッグの右足を後ろにキープしたまま、上体を水平に保つ

✱3 軸足と上体、フリーレッグで「T」字をつくってスピンする

手を広げておくとバランスを取りやすい

フリーレッグの右足を体の後ろにキープしたまま、水平に真っすぐ伸ばしておきます。右足は下がってしまいやすいので注意しましょう。伸ばした右足のつま先は外側に向けるとスピンがきれいに見えます。「T」字をつくるときは、頭を上げて前を向き、胸を張って背中が丸まらないように注意しましょう。回転中は腕を少し広げてバランスを取りましょう。

SPIN

4 スピン中は形がぶれないよう注意。顔は上げておく

*5 両手を広げて回転スピードを緩めながら、上体を起こしてフリーレッグを下げていく

*6 フリーレッグを軸足に近づけた後、踏み替えて右足のアウトサイドで滑る

75

#4-8
SPIN スピン

レイバック・スピン

上体を反りながら回転のバランスを取る

体の曲線がきれいに強調されるスピン。
両腕を上手に使いながら、姿勢に変化をつけてみよう。

SPIN

*1 左足のアウトサイドで滑る

*2 フリーレッグの右足でバランスを保ちながらスピンの体勢に入る

*3 両手を広げたままフリーレッグを後ろにキープし、上体を反らていく

チコ先生のココがポイント！

バリエーションをつけてみよう

体の柔軟性が一番要求されるスピンです。右足は左足に引き寄せていきますが、体の後ろに残しておきます。ほかのスピンとの違いは、上体の位置です。左足の真上に頭を置けば、回転のバランスが取れます。このスピンはバランスを崩すとケガの危険性があるので気をつけて練習しましょう。バリエーションとしては、ビールマンスピンがあります。

4 右足はヒザを曲げて、軸足はキレス腱を伸ばすようにしてバランスを取る。頭は軸足の真上にする覚

*5 上体を起こしながらフリーレッグを横に広げていく

*6 フリーレッグを軸足に引き寄せた後、踏み替えて右足のアウトサイドで滑る

SPIN

77

COLUMN-4

世界のトップに駆け上がった日本フィギュアの未来

　フィギュアスケートでは東洋人というだけで勝てない時代がありました。足が短い、頭が大きい、髪が黒い、というのが理由です。ヨーロッパの芸術的な伝統がないということもあったのでしょう。技術的にはレベルが高くても上位になれないのが常識でした。

　その流れが変わってきたのは伊藤みどりの頃からでしょうか。そして現在、日本は世界屈指のフィギュア大国になりました。

　日本フィギュアのレベルはこれからも落ちることはないでしょう。ノービスでも世界で戦える選手が順調に育っています。これからも観客のみなさんに注目されるような選手が出てくるはずです。

　ですが、油断はできません。これは、ほかのスポーツでもいえることでしょうが、日本のレベルが上がると外国はすぐに追いついてきます。ここまできた日本の勤勉さにはすごいものがありますが、しばらくしたらほかの国でも力のあるすごい選手が出てくることでしょう。

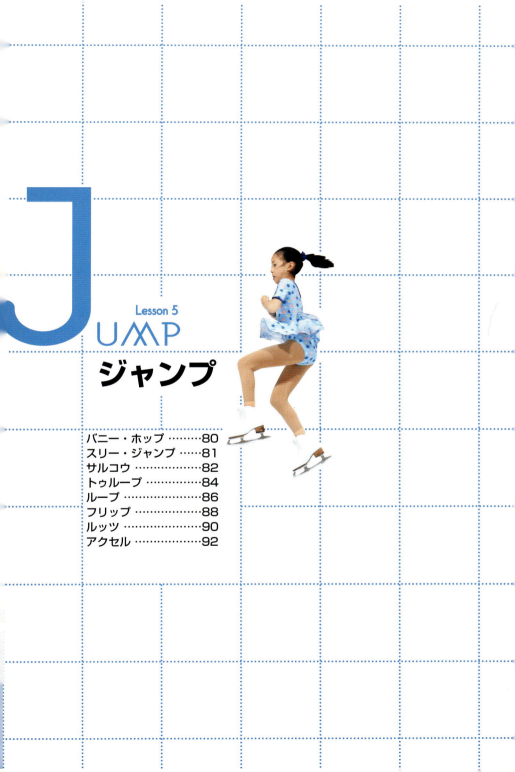

JUMP
Lesson 5
ジャンプ

- バニー・ホップ ………80
- スリー・ジャンプ ……81
- サルコウ ……………82
- トゥループ …………84
- ループ ………………86
- フリップ ……………88
- ルッツ ………………90
- アクセル ……………92

#5-1 JUMP ジャンプ

バニー・ホップ

左足トゥで踏み切り、右足トゥで着氷する

体を浮かせる感覚を身につけられるジャンプの基本。「歩く」途中で軽く跳ぶような感じで。

*1 左足のフラットで真っすぐ滑る

*2 右足を前に振り上げ、左足のトゥで踏み切る

*3 右足のトゥで着氷する。視線は下に向けない

*4 そのままの勢いで左足を前に出して滑っていく

マチコ先生のココがポイント！

滑走の中でトゥを使う感覚を覚えよう

左足のトゥで踏み切って体を浮かせて、右足のトゥで着地します。歩行の延長で目に見えない小さなハードルを軽く飛び越えるような感覚で跳んでみましょう。左足で踏み切るとき上体が後ろに残らないように注意しましょう。手は歩くときと同じように、足と逆側が前に出ます。右足のトゥで着氷したら、すぐに左足を前に出していきます。

5-2 JUMP ジャンプ

スリー・ジャンプ

前に跳び出して、半回転のジャンプ

空中で体の向きを変えてみましょう。
そして右足のアウトサイドで着氷するよう心がけましょう。

※1 右足アウトサイドで後ろ向きに滑る。踏み替えのために左足のつま先を開いていく

※2 体の向きを変えながら左足に踏み替えてターン。左足のアウトサイドで滑る

※3 右足を前方に振り上げる意識を持ちながら、左足のトゥで踏み切る

※4 右足アウトサイドで着氷する。フリーレッグは後ろにしっかり伸ばす

右足は前に跳ぶ意識で振り上げる

しっかり左足のアウトサイドにのります。このときに、右腰が前に回ってこないように注意しましょう。右足は前に跳ぶような感覚で振り上げていきます。空中で体を回転させるときも、腰を回す意識はあまり持たないようにしましょう。空中では両手両足を軽く伸ばしておくと、バランスが取りやすくなります。

#5-3 JUMP ジャンプ — サルコウ

左足のバックのインサイドにのって踏み切る

跳ぶ前の姿勢を後ろから見ると、足が「ハの字」になっているのが特長です。

＊1 右手と右足を引いて、左足のインサイドで後ろ向きに滑る

＊2 上体を起こしながら左足のヒザを曲げていく

＊3 右足が自然と前に出てくる

＊4 足の形は「ハ」の字になっている

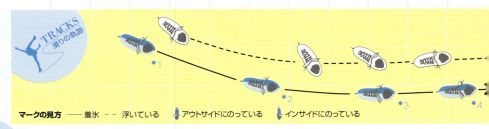

マークの見方 ── 着氷　- - 浮いている　アウトサイドにのっている　インサイドにのっている

右足と両手を振り上げて左足のエッジで踏み切る

ジャンプを始める前の動作は主に右足フォア・インサイド・モホークターンと左足フォア・アウトサイド・スリーターンの2種類があります。後ろ向きに左足のインサイドで滑り、右手と右足を後ろにキープしておきます。ジャンプをするためには、右足が自然に前に出てくるまで待たなければいけませんが、このとき左足インサイドにきちんと乗っていないと、踏み切れません。踏み切り後は右足を振り上げながら両手を一緒に前に振り上げます。

*5 左足のエッジで踏み切る。体を回転させながら右足を真上に振り上げる

*6 空中では体全体で大きなものを抱えるような感じ

*7 右足のアウトサイドで着氷する。両手を広げておくとバランスが取りやすい

*8 右足のアウトサイドで滑りながら左足を引いていき、フィニッシュ

空中で回転

浮いた足 ※右足の場合 ✗踏み切り位置

83

#5-4 JUMP ジャンプ

トゥループ

右手を後ろに引き
腰の回転を抑えて跳ぶ

左足トゥを遠くに着くことで、踏み切りから着氷までの距離に幅が生まれます。両手をしっかり広げて着地しましょう。

＊1 モホーク・ターンの後、足を踏み替える

＊2 右足のアウトサイドで滑りながら左足を後ろに引く。左手は前に出し、右手は後ろに引いておく

＊3 後ろに引いた左足はなるべく遠くで踏み切るつもりで振り下ろしていく

＊4 上体のひねりを戻しながら、左足のトゥを着いて踏み切る

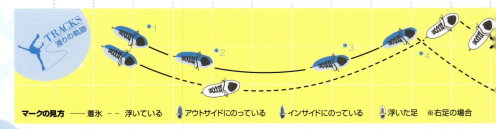

マークの見方　——着氷　- - 浮いている　アウトサイドにのっている　インサイドにのっている　浮いた足　※右足の場合

踏み切りのときは右足の足首とヒザを十分曲げる

ジャンプを始める前の動作は主に右足フォア・インサイド・モホークターンから後ろ向きの右足アウトサイドに踏みかえるやり方と、右足フォア・インサイド・スリーターンの2種類があります。右足のアウトサイドにのり替えたときは、右手をしっかり後ろに引いておきます。これができていないと腰が開きやすくなってしまいます。右足のヒザが深く曲がっていればそれだけ左足のトゥを後ろに着くことができ、ジャンプに幅が生まれます。

✳5 空中では両足を揃え、頭から足先までが一直線になるように意識する

✳6 両手は軽く胸の前に抱えておく

✳7 両手を広げながら、右足で着氷する準備をする

✳8 右足のアウトサイドで着氷。左足を後ろに引いて、フィニッシュの形をつくる

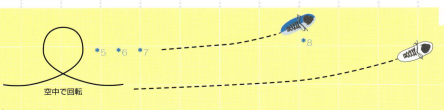

#5-5 JUMP ジャンプ

ループ

右足のバックのアウトサイドで踏み切る

アプローチから踏み切り、着氷までを右足だけで行なうジャンプです。右足のエッジで力強く確実に踏み切りましょう。

***1** 右足のアウトサイドで滑ってくる

***2** 両肩を前後にする。左手が前、右手が後ろ

***3** 踏み切り直前の右足の足首とヒザは十分に曲げておく

***4** 右足のエッジで踏み切る

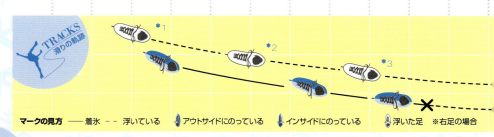

TRACKS 滑りの軌跡

マークの見方　——着氷　- - 浮いている　アウトサイドにのっている　インサイドにのっている　浮いた足　※右足の場合

マチコ先生の ココがポイント!

腰が回らないように左足は常に体の前に

ループは右足で踏み切るので、ジャンプを始める前の動作は、右足フォア・インサイド・スリーターンなどいくつかのパターンがあります。滑ってくる右足のヒザと足首を曲げた状態から、そのまま右足で踏み切ります。この間、左足が氷に着くことはありません。左足は体の横や後ろにきてしまいがちなので、体の前に保っておくようにしましょう。右手は体の後ろに引いておきます。これらは腰が開かないようにするためです。

★5 空中では軸がなるべく傾かないように注意する

★6 着氷は踏み切りと同じ右足で行なう

★7 右足のアウトサイドで着氷する

★8 右足アウトサイドで滑りながら左足を後ろに引いていき、両手を広げてフィニッシュ

JUMP

#5-6 JUMP ジャンプ

フリップ

バックのインサイドで滑り右足トゥで踏み切る

ジャンプを始める前の動作はサルコウと同じ。右足のトゥを遠くに着いて踏み切れば、踏み切りから着氷までの距離に幅が生まれます。

＊1 左足のインサイドで滑る。左手は前に出し、右手は後ろに引いておく

＊2 左足の足首とヒザを曲げる

＊3 左足の真後ろのなるべく遠いところに右足のトゥを着いて踏み切る

＊4 頭からつま先までが一直線になるように意識し、体がなるべく傾かないようにする

TRACKS 滑りの軌跡

マークの見方 ―― 着氷 -- 浮いている　アウトサイドにのっている　インサイドにのっている　浮いた足　※右足の場合

88

マチコ先生の
コ ☆ ポイント!

左足の足首とヒザを深く曲げて遠くにトゥを着く

ジャンプを始める前の動作は主に右足フォア・インサイド・モホークターンと左足フォア・アウトサイド・スリーターンの2種類があります。左足の足首とヒザを深く曲げることで踏み切りのためのトゥを遠くに着くことができます。踏み切る直前に右手が前に出てきてしまうと体が回転し始めてしまうので、右手は踏み切る瞬間まで体の後ろに引いておきましょう。踏み切り後は両足を揃え、両腕は胸の前で軽く締めておきます。

*5 両手は胸の前で軽く締める。肩の力は抜いておく

*6 右足で着氷する体勢に入る

*7 右足のアウトサイドで着氷

*8 両手を広げながら左足を後ろに引いていき、フィニッシュの形をつくる

JUMP

空中で回転
✕ 踏み切り位置
*4 *5 *6 *7 *8

89

#5-7 JUMP ジャンプ — ルッツ

踏み切る瞬間まで左足のアウトサイドにのる

踏み切る瞬間まで左足のアウトサイドにのっていないとフリップになってしまいます。非常に難易度の高いジャンプです。

❋1 左足のアウトサイドで滑る

❋2 左足のアウトサイドにのったまま右足を後ろに引いていく、このとき、左手は前、右手は後ろ

❋3 右足はなるべく遠いところにトゥを着く。左足は最後までアウトサイドにのっておく

❋4 右足のトゥを着いて踏み切る

TRACKS 滑りの軌跡

マークの見方　——着氷　- -浮いている　　アウトサイドにのっている　　インサイドにのっている　　浮いた足　※右足の場合

「逆S」字の軌跡をイメージしながら跳ぶ

後ろ向きのジャンプの中では最も難しいジャンプですが、その理由はアプローチから着氷後にかけて描かれるラインが「逆S」の字になるからです。ほかのジャンプ、たとえばトゥループでは踏み切りのときには4分の1ほど体が回転していますが、ルッツではそうはなりません。最も気をつけなければならないのは、踏み切る直前まで左足のアウトサイドにのっておくことです。踏み切りのための右足のトゥは、左足の後ろに着く感じです。

✳5 空中では両手を胸に近づけるほど回転スピードが上がる

✳6 両手を広げながら着氷の姿勢に入る

✳7 右足のアウトサイドで着氷する

✳8 左足を後ろに引いてフィニッシュ。着氷後の動きも丁寧に行なう

#5-8 JUMP ジャンプ

アクセル

スリージャンプと同じ形で1回転半跳ぶ

ジャンプの中で、唯一前向きで踏み切るのがアクセルジャンプです。空中で重心をのせ替えながら体を1回転半させましょう。

*1 アクセルは唯一前向きで踏み切るジャンプ

*2 左足のアウトサイドで滑ってくる。両手は軽く後ろに引いておく

*3 両手と右足の反動を使って、左足のトゥで踏み切る

*4 両手を胸に引き寄せ、右足を左足の後ろにつけていく

TRACKS 滑りの軌跡

マークの見方 ──着氷 --- 浮いている アウトサイドにのっている インサイドにのっている 浮いた足 ※右足の場合

チコ先生の口がポイント!

空中でのバック・スクラッチ姿勢も大事にする

左足のトゥで踏み切ったとき、回転しようとすることを意識しすぎないようにしましょう。右足を前方向に振り上げてから回転するイメージです。踏み切り直前まで腰が回ってしまわないように気をつけます。踏み切り後は重心を左から右にのせ替え、空中では右足の前に左足をクロスさせ、バック・スクラッチの体勢をつくります。きちんと重心が移動できないと左足を前に出せません。この体勢はさらに回転数を増やすときに重要になってきます。

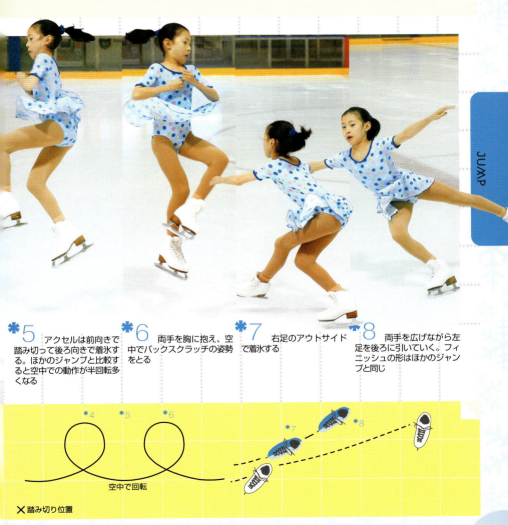

＊5 アクセルは前向きで踏み切って後ろ向きで着氷する。ほかのジャンプと比較すると空中での動作が半回転多くなる

＊6 両手を胸に抱え、空中でバックスクラッチの姿勢をとる

＊7 右足のアウトサイドで着氷する

＊8 両手を広げながら左足を後ろに引いていく。フィニッシュの形はほかのジャンプと同じ

空中で回転

✕ 踏み切り位置

JUMP

93

おわりに

いかがでしたでしょうか。

いくぶん早足になってしまったところもあるかもしれませんが、フィギュアスケートへの理解が深まったのではないでしょうか。

冒頭にも申し上げたとおり、本書に書いてあることがすべてではありません。本来、フィギュアスケートとは自由なものです。それぞれが持っている個性を生かしながら、選んだ音楽を自分なりに理解し、その思いを表現していくことこそ、フィギュアスケートのおもしろさであり醍醐味です。

手の使い方ひとつとっても、それは言えることです。あくまで基本ということで本書ではひとつのやり方しか紹介していませんが、しっかりと基本をマスターしたら自分なりの表現をぜひ目指してみてください。私自身、いつかどこかの試合会場で、新しい表現や技術に出会えることを心待ちにしています。

最後に本書を出版するにあたり、協力してくださった愛知県スケート連盟の久野千嘉子さん、出版・映像関係のみなさん、さらにはモデルになってくれた村上佳菜子ちゃん、松原彩華ちゃん、近藤里奈ちゃんとそのご両親に感謝いたします。

ありがとうございました。

山田満知子

監修
山田満知子(やまだまちこ)

1943年6月26日、愛知県出身。名古屋スポーツセンター所属。日本フィギュアスケーティングインストラクター協会所属。7歳からフィギュアスケートを始め、大学在学中から指導に携わる。その後、コーチに転身。伊藤みどり、小岩井久美子、恩田美栄、中野友加里、浅田舞、浅田真央、村上佳菜子ら世界で活躍するスケーターを数多く育てた。89年文部省スポーツ功労者受賞。

取材協力
久野千嘉子(くのちかこ)

愛知県スケート連盟副理事長兼フィギュア委員長。NR級審判員。

❋ **モデル** ※左から

近藤里奈ちゃん（11歳）
松原彩華ちゃん（12歳）
村上佳菜子ちゃん（12歳）

美しく舞うための
フィギュアスケート Lesson 完全版

2019年9月30日　初版第1刷発行

監修	山田満知子
構成	五味幹男
編集	岩井浩之
発行者	滝口直樹
発行所	株式会社マイナビ出版

〒101-0003
東京都千代田区一ツ橋2-6-3　一ツ橋ビル2F
電話　0480-38-6872（注文専用ダイヤル）
　　　03-3556-2731（販売部）
　　　03-3556-2735（編集部）
http://book.mynavi.jp

写真	高橋学
デザイン	2'nd Line
DTP	タクトシステム株式会社
DVD制作	有限会社シェイク
技術協力	有限会社オー・ティー・オー
取材協力	久野千嘉子
撮影協力	名古屋スポーツセンター
印刷・製本	共同印刷株式会社

※定価はカバーに表示してあります。
※落丁本、乱丁本についてのお問い合わせは、
　TEL0480-38-6872（注文専用ダイヤル）、
　電子メールsas@mynavi.jpまでお願いします。
※本書について質問等がございましたら、往復はがきまたは返信切手、
　返信用封筒を同封のうえ、(株)マイナビ出版
　編集第2部書籍編集1課までお送りください。
　お電話でのご質問は受け付けておりません。
※本書を無断で複写・複製（コピー）することは
　著作権法上の例外を除いて禁じられています。
※本書は株式会社マイナビより2008年12月に発売されたものに
　修正・加筆を加えた再編集版です。

ISBN978-4-8399-7089-5　C0075
©Machiko Yamada
©Mynavi Publishing Corporation
Printed in Japan